Tarcila Tommasi, fsp

Novena a
NOSSA SENHORA DE LOURDES

Editora responsável: Andréia Schweitzer
Equipe editorial

1ª edição – 2015
3ª reimpressão – 2023

Nenhuma parte desta obra poderá ser reproduzida ou transmitida por qualquer forma e/ou quaisquer meios (eletrônico ou mecânico, incluindo fotocópia e gravação) ou arquivada em qualquer sistema ou banco de dados sem permissão escrita da Editora. Direitos reservados.

Cadastre-se e receba nossas informações
www.paulinas.com.br
Telemarketing e SAC: 0800-7010081

Paulinas
Rua Dona Inácia Uchoa, 62
04110-020 – São Paulo – SP (Brasil)
📞 (11) 2125-3500
✉ editora@paulinas.com.br
© Pia Sociedade Filhas de São Paulo – São Paulo, 2015

Histórico

No sul da França, na metade do século XIX, Lourdes era uma aldeia cuja população não passava de cinco mil pessoas. Grande parte de seus habitantes dedicava-se à cultura do trigo que era trabalhado nos cinco moinhos da vila.

A história da vidente Bernadete Soubirous começou no local chamado Moinho de Boly. Aí ela nasceu, a 7 de janeiro de 1844. Após dois dias foi batizada, recebendo o nome de Marie-Bernarde. Depois será chamada pelo diminutivo Bernadete.

A família Soubirous era muito pobre e a partir de 1852 começou a enfrentar a falta de recursos financeiros devido à má administração do moinho onde trabalhava. Alguns clientes também não pagavam as contas. O moinho teve que ser vendido para saldar as dívidas.

A casa onde morava a família Soubirous era paupérrima, praticamente insalubre. Em 1855, quando Lourdes foi atingida pela epidemia de cólera, Bernadete foi vítima da doença e passou a sofrer de asma, que a afligiu até o fim da vida.

Francisco e Luiza, pais de Bernadete, conseguiram alugar uma casa, mas por pouco tempo. Não conseguindo pagar o aluguel, foram despejados. Nesse período, Bernadete foi convidada por uma tia para morar com ela, a fim de ajudá-la nos trabalhos caseiros e no pequeno restaurante que possuía.

Um primo, André Sajous, tinha recebido de herança a casa da antiga cadeia municipal, chamada o *cachot* (calabouço). O piso térreo, onde eram recolhidos os presos, estava abandonado por ser insalubre. Lá foi morar a família Soubirous. No mesmo espaço cozinhavam e dormiam.

Na escola, Bernadete tinha dificuldade de aprender; ao mesmo tempo, fazia a preparação para a primeira Eucaristia, catequese dada pelas religiosas da escola. Em junho de 1857, recebeu a Eucaristia não pelos conhecimentos que possuía, mas pela sua piedade.

Como filha mais velha, cuidava dos irmãos e ajudava a mãe nos trabalhos da casa. Em 1857, com 13 anos, foi trabalhar fora da cidade como pastora, criada e babá. Voltou para casa em janeiro de 1858.

No dia 11 de fevereiro, deu-se a primeira de uma série de aparições de Nossa Senhora. A notícia se espalhou e muitas pessoas procuravam ver Bernadete, conseguir seu autógrafo, fazer-lhe perguntas. Nesse período, Bernadete vivia com a família e com as religiosas de sua cidade exerceu importante apostolado no hospital dirigido pelas freiras.

Com o passar do tempo, ela começou a sentir necessidade de isolar-se e poder trabalhar mais. Não queria ser simplesmente pessoa para admiração. Em abril de 1864, decidiu ser religiosa, pedindo para ingressar na congregação das Irmãs da Caridade de Nevers.

Em julho de 1866, aos 22 anos de idade, Bernadete despediu-se da família e da gruta de Massabielle, local das aparições, e partiu para Nevers para nunca mais voltar. Ao despedir-se da gruta, chorando, disse: "A gruta era o meu céu!".

No convento recebeu o nome de Irmã Maria Bernarda. Distinguiu-se na comunidade pelo espírito de serviço, pela simplicidade e humildade. Foi ajudante de cozinha, costureira, bordadeira, enfermeira, sacristã. Muitas vezes foi tratada com severidade pelas superioras a fim de evitar favoritismos. Mas Bernadete sempre se conservou humilde e paciente.

A partir de 1875, sua saúde foi piorando. Sofria crises de asma, febre e acessos de tosse, um tumor no joelho, cárie nos ossos... Esses e outros sintomas fizeram com que, após alguns anos, ela ficasse definitivamente acamada.

Abraçada ao crucifixo dizia: "Meu Deus, eu vos amo de todo o meu coração, com todas as minhas forças!". Morreu rezando: "Santa Maria, Mãe de Deus, rogai por mim, pobre pecadora, pobre pecadora...".

Era o dia 16 de abril de 1879. Bernadete tinha 35 anos. Foi sepultada no jardim do convento.

A vidente de Lourdes que preferiu viver oculta num convento foi exaltada pela Igreja. Foi beatificada pelo Papa Pio XI, em 1925, e na festa da Imaculada Conceição de 1933 foi canonizada na Basílica São Pedro, pelo mesmo Papa Pio XI. Sua memória é festejada no dia 16 de abril, data de seu nascimento no céu.

PRIMEIRO DIA

A visita de Maria Santíssima

D.: Em nome do Pai, do Filho e do Espírito Santo. Amém.

Saudemos a Mãe de Deus e nossa, a quem nos dirigimos nesta novena, rezando a Ave-Maria.

(Canto mariano à escolha).

Oração inicial

Todos: Ó Maria, mãe e senhora nossa, nesta novena queremos celebrar as visitas que fizestes à jovem Bernadete, em Lourdes. Desejamos ouvir e acolher a vossa mensagem de salvação e, por vossa intercessão, obter as graças de que precisamos.

Pedimos a vossa mediação junto a Deus especialmente por todos os doentes, de

nossas famílias e dos hospitais. A todos confortai com a graça da recuperação da saúde e com o aumento da fé em Cristo, nosso Salvador. Amém.

Leitura

Era o dia 11 de fevereiro de 1858. Faltou lenha na casa da família Soubirous para preparar a refeição matinal. Bernadete, com sua irmã Toinette e a amiga Jeanne foram procurar lenha ao longo do rio Gave. As duas meninas atravessaram o rio para pegar lenha na outra margem. Bernadete, porque sofria de asma e por recomendação da mãe, não atravessou.

Naquele momento, Bernadete ouviu um ruído, como se fosse um vento forte. Olhou ao redor e viu que brilhava uma luz dentro da gruta, à frente, e na luz viu uma jovem senhora vestida de branco, que se voltou para ela e sorriu, com um gesto de acolhida. Bernadete teve a ideia de rezar o terço, mas não conseguia, porque tremia de comoção.

A jovem senhora tinha o terço nas mãos; ela fazia passar pelos dedos as contas do rosário, mas não mexia os lábios. Quando Bernadete, enfim, acabou de rezar o terço, a linda senhora desapareceu.

Chegando em casa, as meninas contaram aos pais o que acontecera a Bernadete. O resultado foi uma surra, além da proibição de voltar à gruta.

Oração

D.: Nossa Senhora de Lourdes é invocada, na Igreja, como protetora dos doentes. Rezemos, então, pelos doentes e profissionais da saúde.

Senhor Deus, por intercessão de Nossa Senhora de Lourdes, nós vos pedimos em favor de nossos irmãos e irmãs doentes e, nesta novena, pedimos especialmente por (*dizer os nomes das pessoas doentes ou necessitadas de oração*).

Senhor Jesus, vós que passastes na terra curando os doentes, abençoai os enfermos e sofredores, dai-lhes coragem para enfrentar com paciência os momentos de dor.

Todos: Nossa Senhora de Lourdes, intercedei por eles.

D.: Senhor Jesus, abençoai todos os médicos para que sejam iluminados e acertem o tratamento de seus pacientes.

Todos: Nossa Senhora de Lourdes, intercedei por eles.

D.: Senhor Jesus, abençoai todos os enfermeiros e cuidadores de doentes, para que tenham muito amor e paciência.

Todos: Nossa Senhora de Lourdes, intercedei por eles.

D.: Restaurai, Senhor, a saúde do corpo e da alma de todos nós que necessitamos de vossa graça.

Todos: Nossa Senhora de Lourdes, intercedei por nós.

D.: Ó Senhora de Lourdes, como acompanhastes a oração do rosário junto com Bernadete, queremos também a vossa companhia em nossa oração e em nossa caminhada de cada dia. Dai-nos a vossa bênção.

Todos: Em nome do Pai, do Filho e do Espírito Santo. Amém.

(Canto mariano à escolha.)

SEGUNDO DIA

A felicidade verdadeira

D.: Em nome do Pai, do Filho e do Espírito Santo. Amém.

Saudemos a Mãe de Deus e nossa, a quem nos dirigimos nesta novena, rezando a Ave-Maria.

(Canto mariano à escolha).

Oração inicial

Todos: Ó Maria, mãe e senhora nossa, nesta novena queremos celebrar as visitas que fizestes à jovem Bernadete, em Lourdes. Desejamos ouvir e acolher a vossa mensagem de salvação e, por vossa intercessão, obter as graças de que precisamos.

Pedimos a vossa mediação junto a Deus especialmente por todos os doentes, de

nossas famílias e dos hospitais. A todos confortai com a graça da recuperação da saúde e com o aumento da fé em Cristo, nosso Salvador. Amém.

Leitura

Espalhou-se rapidamente a notícia das aparições de Nossa Senhora à Bernadete. Após a missa do domingo, um grupo de crianças, movidas pela curiosidade, foi até a gruta. Os pais de Bernadete, Francisco e Luiza, permitiram que a filha fosse também. A mãe levou água benta, pois receava que fosse coisa diabólica.

Chegando à frente da gruta, Bernadete ajoelhou-se e começou a rezar o terço. Estava na segunda dezena, quando viu que a bela senhora estava ali. Pegou o frasco de água benta e aspergiu na direção da aparição. A senhora sorriu e, quanto mais aspergia, mais ela sorria. Dessa vez a senhora nada falou.

No dia 18 de fevereiro, Bernadete foi à gruta acompanhada por um grupo de adultos. A bela senhora disse a Bernadete: "Quer ter a bondade de vir aqui por 15 dias?". Bernadete respondeu que sim.

Foi nesse dia que a bela senhora disse: "Não prometo tornar-te feliz neste mundo, mas no outro".

Pausa para reflexão

D.: Vamos repetir juntos a promessa de Nossa Senhora.

Todos: "Não prometo tornar-te feliz neste mundo, mas no outro".

Oração

D.: Senhor Deus, por intercessão de Nossa Senhora de Lourdes, nós vos pedimos em favor de nossos irmãos e irmãs doentes, e, nesta novena, queremos lembrar especialmente de (*dizer os nomes* *das pessoas doentes ou necessitadas de oração).*

Senhor Jesus, vós que passastes na terra curando os doentes, abençoai os enfermos e sofredores, dai-lhes coragem para enfrentar com paciência os momentos de dor.

Todos: Nossa Senhora de Lourdes, intercedei por eles.

D.: Senhor Jesus, abençoai todos os médicos para que sejam iluminados e acertem o tratamento de seus pacientes.

Todos: Nossa Senhora de Lourdes, intercedei por eles.

D.: Senhor Jesus, abençoai todos os enfermeiros e cuidadores de doentes, para que tenham muito amor e paciência.

Todos: Nossa Senhora de Lourdes, intercedei por eles.

D.: Restaurai, Senhor, a saúde do corpo e da alma de todos nós que necessitamos de vossa graça.

Todos: Nossa Senhora de Lourdes, intercedei por nós.

D.: Ó Senhora de Lourdes, vós que prometestes a felicidade a Santa Bernadete, não neste mundo, mas na eternidade, aumentai nossa fé e esperança de um dia gozar da vossa companhia, no céu. Dai-nos a vossa bênção.

Todos: Em nome do Pai, do Filho e do Espírito Santo. Amém.

(Canto mariano à escolha).

TERCEIRO DIA

"Rezem pelos pecadores"

D.: Em nome do Pai, do Filho e do Espírito Santo. Amém.

Saudemos a Mãe de Deus e nossa, a quem nos dirigimos nesta novena, rezando a Ave-Maria.

(Canto mariano à escolha).

Oração inicial

Todos: Ó Maria, mãe e senhora nossa, nesta novena queremos celebrar as visitas que fizeste à jovem Bernadete, em Lourdes. Desejamos ouvir e acolher a vossa mensagem de salvação e, por vossa intercessão, obter as graças de que precisamos.

Pedimos a vossa mediação junto a Deus especialmente por todos os doentes, de

nossas famílias e dos hospitais. A todos confortai com a graça da recuperação da saúde e com o aumento da fé em Cristo, nosso Salvador. Amém.

Leitura

Apesar das dificuldades, Bernadete foi fiel a sua promessa de voltar à gruta de Massabielle, por 15 dias. Na quarta e quinta aparições, a celeste Senhora veio, mas não deixou nenhuma mensagem.

Bernadete começou a ser muito conhecida e falada pelo povo. No sexto dia, uma grande multidão já se acotovelava em frente à gruta. Todos queriam presenciar o que realmente acontecia.

A linda Senhora veio e, dessa vez, dirigiu um olhar de tristeza sobre a multidão, e disse a Bernadete: "É necessário rezar pelos pecadores".

Em meio a tanta gente houve alguém que começou a interpretar mal essas aparições. Bernadete teve que se apresentar ao Padre Pène, e depois ao comissário da polícia que a interrogou com severidade e ameaçou colocá-la na prisão, caso estivesse enganando o povo. Por ofício e por ser católico, o comissário procurava saber a verdade.

A família da vidente já estava vivendo uma séria preocupação sobre a verdade ou não dessas aparições.

Mas, em tudo o que acontecia, Deus estava no comando dos fatos.

Pausa para reflexão

D.: Deus dirige também a história de cada um de nós. Reconhecemos este amor para conosco?

Oração

D.: Supliquemos a bondade de Deus, rezando alguns pedidos do Salmo 51: "Ó

Deus, tem piedade de mim, conforme a tua misericórdia; no teu grande amor cancela o meu pecado".

Todos: Misericórdia, Senhor!

D.: Lava-me de toda a minha culpa, e purifica-me de meu pecado. Reconheço a minha iniquidade e meu pecado está sempre diante de mim.

Todos: Misericórdia, Senhor!

D.: Cria em mim, ó Deus, um coração puro, renova em mim um espírito resoluto. Devolve-me a alegria de ser salvo, que me sustente um ânimo generoso.

Todos: Misericórdia, Senhor!

D.: Quero ensinar teus caminhos aos que erram e a ti voltarão os pecadores. Sacrifício para Deus é um espírito contrito. Não desprezes, ó Deus, um coração contrito e humilhado.

Todos: Misericórdia, Senhor!

D.: Ó Senhora de Lourdes, abençoai a nós e nossas famílias. Que ninguém se desvie do caminho traçado por Jesus nosso Salvador. Que sua Luz ilumine a todos os que precisam reencontrar o caminho da salvação. Dai-nos a vossa bênção.

Todos: Em nome do Pai, do Filho e do Espírito Santo. Amém.

(Canto mariano à escolha).

QUARTO DIA

Penitência... penitência

D.: Em nome do Pai, do Filho e do Espírito Santo. Amém.

Saudemos a Mãe de Deus e nossa, a quem nos dirigimos nesta novena, rezando a Ave-Maria.

(Canto mariano à escolha).

Oração inicial

Todos: Ó Maria, mãe e senhora nossa, nesta novena queremos celebrar as visitas que fizeste à jovem Bernadete, em Lourdes. Desejamos ouvir e acolher a vossa mensagem de salvação e, por vossa intercessão, obter as graças de que precisamos.

Pedimos a vossa mediação junto a Deus especialmente por todos os doentes, de

nossas famílias e dos hospitais. A todos confortai com a graça da recuperação da saúde e com o aumento da fé em Cristo, nosso Salvador. Amém.

Leitura

Já não eram somente centenas de pessoas que iam à gruta de Massabielle, mas milhares de fiéis rezavam o rosário em frente à gruta. Até o comissário de polícia testemunhou: "Fui à gruta incrédulo, mas me retirei de lá acreditando que era realmente algo sobrenatural".

Na oitava aparição Nossa Senhora repetiu o pedido de "Penitência!" – era necessário rezar pela conversão dos pecadores. Esta súplica foi aceita pelo povo.

No dia seguinte, Bernadete caminhou de joelhos, beijando a terra de tempos em tempos. Tudo em espírito de penitência. Na gruta a Senhora lhe disse: "Vai e toma a água da fonte", e indicou-lhe que a procurasse no chão, dentro da gruta.

Bernadete começou a escavar com a mão, e da terra brotou água. Cavou mais um pouco e a água aumentou de tal modo que foi possível bebê-la com as mãos. Desde esse momento até hoje, a fonte jorra água, continuamente. É uma água prodigiosa, muitos doentes que têm fé alcançaram e alcançam a cura bebendo dessa água.

Pausa para reflexão

D.: Costumo rezar pelos pecadores e necessitados?

Oração

D.: O profeta Isaías já havia anunciado o prodígio da "água medicinal". Diz ele: "Oh todos vós que estais com sede, vinde buscar água! Quem não tem dinheiro venha também!" (Is 55,1).

Todos: Obrigado, Senhor!

D.: "Os pobres e necessitados buscam água e... nada! Estão com a língua seca de sede. Então eu mesmo, o Senhor, vou olhar por eles" (Is 41,17).

Todos: Obrigado, Senhor!

D.: "O Senhor é minha força e meu alegre canto. O Senhor é a minha salvação. Com alegria tirareis água nas fontes da salvação" (Is 12,2-3).

Todos: Obrigado, Senhor!

D.: "E naquele dia direis: 'Louvai o Senhor, aclamai o seu nome. Divulgai entre os povos as maravilhas que ele faz!'" (Is 12,4).

Todos: Obrigado, Senhor!

D.: Nossa Senhora de Lourdes, abençoai a todos que buscam a fonte da água milagrosa na gruta de Lourdes; mas abençoai também os que procuram a água viva da Palavra de Deus. Que a leitura orante da Bíblia alimente nossa fome de paz e apague nossa sede de amor. Dai-nos a vossa bênção.

Todos: Em nome do Pai, do Filho e do Espírito Santo. Amém.

(Canto mariano à escolha).

QUINTO DIA

As provações fortificam a fé

D.: Em nome do Pai, do Filho e do Espírito Santo. Amém.

Saudemos a Mãe de Deus e nossa, a quem nos dirigimos nesta novena, rezando a Ave-Maria.

(Canto mariano à escolha).

Oração inicial

Todos: Ó Maria, mãe e senhora nossa, nesta novena queremos celebrar as visitas que fizestes à jovem Bernadete, em Lourdes. Desejamos ouvir e acolher a vossa mensagem de salvação e, por vossa intercessão, obter as graças de que precisamos.

Pedimos a vossa mediação junto a Deus especialmente por todos os doentes, de

nossas famílias e dos hospitais. A todos confortai com a graça da recuperação da saúde e com o aumento da fé em Cristo, nosso Salvador. Amém.

Leitura

Dia após dia, uma grande multidão de pessoas de todas as classes sociais acorria à gruta para rezar o rosário e acompanhar o fato das aparições. Ao mesmo tempo, havia quem se escandalizasse das atitudes de Bernadete que, a pedido da Senhora, comera ervas amargas que havia no fundo da gruta, em penitência pelos pecadores.

As provações não faltaram na vida de Bernadete: não só pela descrença de algumas pessoas influentes, mas até por inverdades que circulavam entre o povo. O clero também se conservou arredio ao caso das aparições.

Até mesmo o pároco de Lourdes, Padre Peyramale, chegou a proibir ao clero de comparecer à gruta. Mas a Senhora disse a Bernadete: "Vai dizer aos sacerdotes que venham cá em procissão e construam aqui uma capela".

Atendendo a este pedido, Bernadete foi falar com o Padre Peyramale. Ele não acreditava que este pedido viesse do céu e exigiu que Bernadete perguntasse a Senhora qual era seu nome.

Oração

D.: A fé é dom de Deus e ao mesmo tempo adesão pessoal a ele que se revela. Crer é também um ato humano, consciente e livre, que corresponde à dignidade da pessoa humana. Peçamos o aumento de nossa fé.

Todos: Senhor, aumentai nossa fé.

D.: A Virgem Maria é exemplo de vivência da fé: acreditou que "nada é impossível a Deus" (Lc 1,37) e aceitou sua proposta: "Eu sou a serva do Senhor; faça-se em mim segundo a tua palavra" (Lc 1,38). Peçamos o aumento de nossa fé.

Todos: Senhor, aumentai nossa fé.

D.: Confirmemos nossa fé rezando o "Creio".

Todos: Creio em Deus Pai todo-poderoso, criador do céu e da terra. E em Jesus Cristo, seu único filho, nosso Senhor, que foi concebido pelo poder do Espírito Santo, nasceu da Virgem Maria; padeceu sob Pôncio Pilatos, foi crucificado, morto e sepultado. Desceu à mansão dos mortos; ressuscitou ao terceiro dia; subiu aos céus, está sentado à direita de Deus Pai todo-poderoso, donde há de vir julgar os vivos e os mortos. Creio no Espírito Santo, na santa Igreja católica, na comunhão dos santos, na remissão dos pecados, na ressurreição da carne, na vida eterna. Amém.

D.: Com Maria, a mãe de Jesus e nossa, agradecemos a Deus pelo dom da Fé que nos ilumina e indica o caminho da salvação.

Pedimos esta graça por todos aqueles que ainda não creem e não esperam. Dai-nos a vossa bênção.

Todos: Em nome do Pai, do Filho e do Espírito Santo. Amém.

(Canto mariano à escolha).

SEXTO DIA

"Eu sou a Imaculada Conceição"

D.: Em nome do Pai, do Filho e do Espírito Santo. Amém.

Saudemos a Mãe de Deus e nossa, a quem nos dirigimos nesta novena, rezando a Ave-Maria.

(Canto mariano: à escolha)

Oração inicial

Todos: Ó Maria, mãe e senhora nossa, nesta novena queremos celebrar as visitas que fizestes à Santa Bernadete, em Lourdes. Desejamos ouvir e acolher a vossa mensagem de salvação e, por vossa intercessão, obter as graças de que precisamos. Pedimos a vossa mediação junto a Deus especialmente por todos os doentes, de nossas famílias e dos hospitais. A todos confortai com a graça da recuperação da saúde e com o aumento da fé em Cristo, nosso Salvador. Amém.

Leitura

Era 25 de março, o dia da anunciação do Senhor à Virgem Maria. Durante a noite, Bernadete acordou sentindo uma profunda alegria. Ela tinha pressa para ir à gruta. Às quatro horas da manhã levantou-se e disse aos familiares que se apressassem, caso quisessem acompanhá-la.

Ainda estava escuro quando se dirigiram para a gruta. À luz das velas, rezaram o terço com um grupo de pessoas que já se encontrava lá. Terminada a oração, Bernadete entrou na gruta.

Ela tinha decorado a pergunta sobre o nome, que o pároco lhe havia sugerido, dado que a frase era difícil para ela pronunciar. Repetiu-a por três vezes. Na quarta vez, a linda Senhora, olhando para o céu, disse no dialeto que Bernadete falava: "Eu sou a Imaculada Conceição".

Não entendendo aquelas palavras, Bernadete disse-lhe decepcionada: "Mas, então, você não é a Virgem Maria?" e com certa tristeza viu a Senhora desaparecer. A vidente correu para falar com o Padre Peyramale, que lhe perguntou: "Então, é a santa Virgem que tu vês?". Respondeu Bernadete: "Eu creio que não.... Ela me disse que é a Imaculada Conceição".

O sacerdote empalideceu. Uma menina semianalfabeta não conhecia o significado dessas palavras: "Imaculada Conceição". Convenceu-se de que era realmente a Virgem Maria que aparecera a sua paroquiana de 14 anos.

Agradeçamos à Virgem Maria por esta revelação.

Oração

D.: Senhor e Pai, nós vos agradecemos porque escolhestes Bernadete, uma menina simples, piedosa, obediente, para manifestar as mensagens que desejáveis comunicar ao mundo.

Todos: Obrigado, Senhor.

D.: Senhor e Pai, que vos revelastes ao mundo por meio da Virgem Maria, por sua intercessão, renovai nossa vida na alegria do seu amor materno, agora e sempre.

Todos: Senhor, escutai nossa prece.

D.: Com toda a Igreja saudemos a Imaculada Conceição.

Todos: Ave, Maria, cheia de graça, o Senhor é convosco. Bendita sois vós entre as mulheres, e bendito é o fruto do vosso ventre, Jesus. Santa Maria, Mãe de Deus, rogai por nós, pecadores, agora e na hora de nossa morte. Amém.

D.: Nossa Senhora de Lourdes, que vos fizestes presente a Bernadete, acompanhai-nos em todos os momentos e situações da nossa vida. Que vossa companhia nos dê coragem nas horas de desânimo, nos torne mais fortes e firmes na fé e aumente em nós a caridade para com o próximo. Dai-nos a vossa bênção.

Todos: Em nome do Pai, do Filho e do Espírito Santo. Amém.

(Canto mariano: à escolha)

SÉTIMO DIA

Maria, cheia de graça

D.: Em nome do Pai, do Filho e do Espírito Santo. Amém.

Saudemos a Mãe de Deus e nossa, a quem nos dirigimos nesta novena, rezando a Ave-Maria.

(Canto mariano à escolha).

Oração inicial

Todos: Ó Maria, mãe e senhora nossa, nesta novena queremos celebrar as visitas que fizestes à Santa Bernadete, em Lourdes. Desejamos ouvir e acolher a vossa mensagem de salvação e, por vossa intercessão, obter as graças de que precisamos. Pedimos a vossa mediação junto a Deus especialmente por todos os doentes, de nossas famílias e dos hospitais. A todos confortai com a graça da recuperação da saúde e com o aumento da fé em Cristo, nosso Salvador. Amém.

Leitura

No ano de 1854 o Papa Pio IX proclamou como verdade de fé a prerrogativa extraordinária de Nossa Senhora, a Mãe de Deus, que foi "cumulada de graça" por Deus, desde sua concepção.

Diz a proclamação do Papa: "A beatíssima Virgem Maria, no primeiro instante de sua conceição, por singular graça e privilégio de Deus onipotente, em vista dos méritos de Jesus Cristo, Salvador do gênero humano, foi preservada imune de toda mancha do pecado original" (DS 2803).

"Os relatos do Evangelho entendem a concepção virginal como obra divina que ultrapassa toda compreensão e toda possibilidade humanas. O que foi gerado nela vem do Espírito Santo, diz o anjo a José acerca de Maria, sua noiva. A Igreja vê aí o cumprimento da promessa divina pelo profeta Isaías: 'Eis que a virgem conceberá e dará à luz um filho' (Is 7,14)" (CIC 497).

Quatro anos depois dessa proclamação da Igreja, veio Nossa Senhora, em Lourdes, confirmar esta verdade apresentando-se como a Imaculada Conceição. Esta verdade mariana ganhou importância especial, como também as mensagens que a linda Senhora transmitiu a Bernadete: a necessidade de rezar e fazer penitência pela conversão dos pecadores.

Oração

D.: Com Maria Santíssima agradeçamos a Deus com suas mesmas palavras, que se encontram no Evangelho de Lucas, 1,47-55.

Todos: "A minha alma engrandece o Senhor, e meu espírito se alegra em Deus, meu Salvador. Porque ele olhou para a humildade de sua serva. Todas as gerações, de agora em diante, me chamarão feliz, porque o Todo-poderoso fez para mim coisas grandiosas.

O seu nome é Santo, e sua misericórdia se estende de geração em geração sobre aqueles que o temem. Ele mostrou a força de seu braço: dispersou os que têm planos orgulhosos no coração. Derrubou os poderosos de seus tronos e exaltou os humildes. Encheu de bens os famintos e mandou embora os ricos, de mãos vazias. Acolheu Israel seu servo, lembrando-se de sua misericórdia, conforme prometera a nossos pais, em favor de Abraão e de sua descendência, para sempre."

D.: Ó Maria, hoje rezamos convosco e em vossa companhia; ensinai-nos a orar do modo com que rezais, isto é, usando as palavras iluminadas da Sagrada Escritura. As palavras inspiradas por Deus têm a força divina de quem as inspirou. Dai-nos a vossa bênção.

Todos: Em nome do Pai, do Filho e do Espírito Santo. Amém.

(Canto mariano à escolha).

OITAVO DIA

A cidade de Nossa Senhora

D.: Em nome do Pai, do Filho e do Espírito Santo. Amém.

Saudemos a Mãe de Deus e nossa, a quem nos dirigimos nesta novena, rezando a Ave-Maria.

(Canto mariano: à escolha)

Oração inicial

Todos: Ó Maria, mãe e senhora nossa, nesta novena queremos celebrar as visitas que fizeste à Santa Bernadete, em Lourdes. Desejamos ouvir e acolher a vossa mensagem de salvação e, por vossa intercessão, obter as graças de que precisamos.

Pedimos a vossa mediação junto a Deus especialmente por todos os doentes, de

nossas famílias e dos hospitais. A todos confortai com a graça da recuperação da saúde e com o aumento da fé em Cristo, nosso Salvador. Amém.

Leitura

Algo de misterioso acontece para quem vai a Lourdes. Por experiência pessoal, posso afirmar, repetindo as palavras de São Pedro no monte Tabor: "Como é bom estar aqui!". Silêncio, recolhimento, pessoas rezando o rosário, peregrinos de todas as partes do mundo buscando o local da gruta, outros participando da Eucaristia.

Como penitência, há quem vá de joelhos até a gruta, outros cantam levantando os braços, homens andam na praça desfiando as contas do rosário, algumas senhoras voltam da gruta comovidas, com os olhos marejados de lágrimas.

À tarde, vê-se muitos voluntários levando doentes em macas, para receberem a bênção do Santíssimo, que será dada na praça principal. Este é um dos momentos mais comoventes. Centenas de doentes, alguns em estado bem grave, vindos especialmente dos países vizinhos, são levados à praça para receberem a bênção do Santíssimo.

Conta-se que um jovem belga, paralítico desde o nascimento, aguardava a passagem do Santíssimo abençoando os doentes. Quando o Santíssimo chegou perto, o jovem gritou: "Jesus, cura-me!".

Não sentindo o resultado de seu pedido e como o bispo já tinha se adiantado para outro doente, o jovem gritou novamente: "Jesus, vou dizer a tua mãe que não me curaste!". O bispo voltou e lhe deu novamente a bênção. Então o jovem levantou-se da maca e começou a andar, louvando a Deus em meio à multidão.

Oração

D.: Rezemos com as palavras do canto: "Louvando Maria".

Todos: Louvando Maria o povo fiel
a voz repetia de São Gabriel:
Ave, ave, ave, Maria!
Ave, ave, ave, Maria!
Um anjo descendo num raio de luz
feliz Bernadete à fonte conduz.
Vestida de branco da glória desceu,
trazendo na cinta as cores do céu.
Mostrando o rosário na cândida mão
ensina o caminho da santa oração.

D.: Senhor Jesus, que passastes nesta terra curando a todos os doentes, derramai sobre nós e nossos doentes a graça da cura física, psíquica e espiritual. Que ninguém desanime ou perca a esperança: confiando na vossa misericórdia, encontremos a luz e a paz de que necessitamos. Dai-nos a vossa bênção.

Todos: Em nome do Pai, do Filho e do Espírito Santo. Amém.

(Canto mariano: à escolha)

NONO DIA

A mensagem de Nossa Senhora de Lourdes

D.: Em nome do Pai, do Filho e do Espírito Santo. Amém.

Saudemos a Mãe de Deus e nossa, a quem nos dirigimos nesta novena, rezando a Ave-Maria.

(Canto mariano à escolha).

Oração inicial

Todos: Ó Maria, mãe e senhora nossa, nesta novena queremos celebrar as visitas que fizeste à Santa Bernadete, em Lourdes. Desejamos ouvir e acolher a vossa mensagem de salvação e, por vossa intercessão, obter as graças de que precisamos.

Pedimos a vossa mediação junto a Deus especialmente por todos os doentes, de nossas famílias e dos hospitais. A todos confortai com a graça da recuperação da saúde e com o aumento da fé em Cristo, nosso Salvador. Amém.

Leitura

Nas aparições em Lourdes, Nossa Senhora falou pouco. Mesmo assim, dizendo poucas palavras deu força e salientou as mensagens que o Céu desejava comunicar por meio dela.

A mensagem principal de Nossa Senhora é a manifestação de Maria na sua Imaculada Conceição. As outras mensagens estão em função desta: ela é sem mancha de pecado, mas pede a conversão e a penitência pelos pecadores. Vivemos em tempos difíceis, precisamos seguir os ensinamentos de Jesus para chegarmos à casa do Pai. A oração do rosário deve nos acompanhar nesta vida.

A humilde Bernadete realizou estes pedidos de Nossa Senhora e santificou sua existência. A Igreja reconheceu sua vida de pobreza, penitência e oração. Foi canonizada pelo papa Pio XI no dia 8 de dezembro de 1933.

Lourdes tornou-se um dos maiores santuários onde os peregrinos de todo o mundo vão visitar a Imaculada Conceição, buscar a cura para suas doenças e receber a resposta a muitos de seus problemas.

Oração

D.: Peçamos a intercessão de Santa Bernadete.

Todos: Senhor, que vos dignastes conceder à jovem Bernadete a graça de ver vossa santíssima Mãe, e com ela conversar e rezar, concedei também a nós a verdadeira devoção a Maria Santíssima e a graça da saúde do corpo e da alma. Santa Bernadete Soubirous, intercedei por nós.

D.: Rezemos pela conversão dos pecadores.

Todos: Pai nosso que estais nos céus, santificado seja o vosso nome, venha a nós o vosso Reino, seja feita a vossa vontade, assim na terra como no céu. O pão nosso de cada dia nos dai hoje, perdoai-nos as nossas ofensas, assim como nós perdoamos a quem nos tem ofendido, e não nos deixeis cair em tentação, mas livrai-nos do mal. Amém.

Salve, Rainha, Mãe de misericórdia, vida, doçura e esperança nossa, salve! A vós bradamos os degredados filhos de Eva, a vós suspiramos, gemendo e chorando, neste vale de lágrimas. Eia, pois, Advogada nossa, esses vossos olhos misericordiosos a nós volvei; e depois deste desterro mostrai-nos Jesus, bendito fruto do vosso ventre, ó clemente, ó piedosa, ó doce sempre Virgem Maria. Rogai por nós, Santa Mãe de Deus, para que sejamos dignos das promessas de Cristo.

D.: Ó Maria, Mãe de Deus e nossa, que aparecestes a vossa humilde filha Bernadete, nesta novena viemos confirmar nossa vontade de sermos fiéis ao vosso pedido de penitência e oração. Dai-nos a graça de nunca decepcionar-vos e, por vossa intercessão materna, podermos um dia contemplar no céu a beleza de vosso rosto. Abençoai a nós e a nossas famílias.

Todos: Em nome do Pai, do Filho e do Espírito Santo. Amém.

(Canto mariano à escolha).

Consagração a Nossa Senhora

Ó Senhora minha, ó minha mãe, eu me ofereço todo(a) a vós, e em prova da minha devoção para convosco, vos consagro neste dia e para sempre os meus olhos, os meus ouvidos, a minha boca, o meu coração e inteiramente todo o meu ser. E porque assim sou vosso(a), ó incomparável Mãe, guardai-me, defendei-me como propriedade vossa. Amém.

NOSSAS DEVOÇÕES
(Origem das novenas)

De onde vem a prática católica das novenas? Entre outras, podemos dar duas respostas: uma histórica, outra alegórica.

Historicamente, na Bíblia, no início do livro dos Atos dos Apóstolos, lê-se que, passados quarenta dias de sua morte na Cruz e de sua ressurreição, Jesus subiu aos céus, prometendo aos discípulos que enviaria o Espírito Santo, que lhes foi comunicado no dia de Pentecostes.

Entre a ascensão de Jesus ao céu e a descida do Espírito Santo, passaram-se nove dias. A comunidade cristã ficou reunida em torno de Maria, de algumas mulheres e dos apóstolos. Foi a primeira novena cristã. Hoje, ainda a repetimos todos os anos, orando, de modo especial, pela unidade dos cristãos. É o padrão de todas as outras novenas.

A novena é uma série de nove dias seguidos em que louvamos a Deus por suas maravilhas, em particular, pelos santos, por cuja intercessão nos são distribuídos tantos dons.

Alegoricamente, a novena é antes de tudo um ato de louvor ao Pai, ao Filho e ao Espírito Santo, Deus três vezes Santo. Três é número perfeito. Três vezes três, nove. A novena é louvor perfeito à Trindade. A prática de nove dias de oração, louvor e súplica confirma de maneira extraordinária nossa fé em Deus que nos salva, por intermédio de Jesus, de Maria e dos santos.

O Concílio Vaticano II afirma: "Assim como a comunhão cristã entre os que caminham na terra nos aproxima mais de Cristo, também o convívio com os santos nos une a Cristo, fonte e cabeça de que provêm todas as graças e a própria vida do povo de Deus" (*Lumen Gentium*, 50).

Nossas Devoções procuram alimentar o convívio com Jesus, Maria e os santos, para nos tornarmos cada dia mais próximos de Cristo, que nos enriquece com os dons do Espírito e com todas as graças de que necessitamos.

Francisco Catão

Rua Dona Inácia Uchoa, 62
04110-020 – São Paulo – SP (Brasil)
Tel.: (11) 2125-3500
http://www.paulinas.com.br – editora@paulinas.com.br
Telemarketing e SAC: 0800-7010081